Diseño: Adriana Canales Ucha

Formación electrónica: Gabriel González Meza

Asesoría histórica: Claudia Canales

Ilustraciones inspiradas en las siguientes fuentes:

    Águilas en los códices: Borbónico, Borgia, Durán, Féjérvári-Meyer, Mendocino, Porfirio Díaz y Tlatelolco
    Águila en grabado anónimo (1666) y águila en plano de la Ciudad de México (siglo xvi)
    Bandera del Regimiento de Infantería de San Fernando (1812) y Bandera de la Regencia e Imperio de Iturbide (1821)
    Constitución: Periódico *La Orquesta* (siglo xix)
    Escudos: de armas de la Ciudad de México (1523), de la República Mexicana (1824),
        del Imperio de Maximiliano (1864), de Porfirio Díaz (1880) y de Venustiano Carranza (1916)
    Telón de fondo: José Guadalupe Posada (circa 1900)
    Virgen de Guadalupe: anónimo (1648) y de Miguel de Villavicencio (siglo xviii)

Capitular y listón tricolor: Adriana Canales Ucha

Permiso: La reproducción de la bandera de México, según el decreto emitido en 1967, fue autorizada
      por la Dirección de Fomento Cívico de la Secretaría de Gobernación.

Primera Edición 2004
Ediciones Destino
© 2004, Editorial Planeta Mexicana, S.A. de C.V.
   Insurgentes Sur 1898, piso 11
   Colonia Florida, 01030, México, D.F.
   Todos los derechos reservados.

Impreso en México

ISBN 970-37-0097-7

AGUILAS,
NOPALES Y SERPIENTES

Idea y texto de CLAUDIA BURR

Ilustraciones de ANA PIÑÓ

EDICIONES DESTINO

Muchas águilas han volado por los cielos de México.

Todas tienen historias que contar.

En perfecto orden, una por una, agitan sus alas para volar alto y lejos.

Se remontan al pasado.

Tienen hambre.   Apuntan la vista hacia su presa.

Son aves cazadoras y rapaces.

Buscan comida: serpientes y culebras.

4 ¡Mira! El águila más grande vuela sobre un lago.

En el lago hay un islote donde crece un nopal verde lleno de tunas rojas.

Ahí desciende el águila. Trae una presa entre las garras.

Con mucho equilibrio, se para sobre el nopal y extiende las alas.

La serpiente se defiende y se agita;

el águila la domina con una pata

y con el pico la desgarra.

6   Cuando los antiguos mexicanos vieron el águila, el nopal y la serpiente, empezaron a llorar de alegría.

"¡La señal divina!" gritaron. "¡Esta es la señal de nuestro dios Huitzilopochtli!"

Después de años de peregrinar,

los antiguos mexicanos detuvieron su marcha en el lago..

Y ahí, sobre el agua, fundaron México.

8   Los antiguos mexicanos creían que el Sol se había

vestido de águila y la oscuridad se había vestido de serpiente.

Que el Sol era un guerrero

que luchaba todos los días para vencer a sus enemigos.

Que si el Sol perdía, la oscuridad

se apoderaría del mundo.

Los antiguos mexicanos

relataron esta historia a sus hijos, a sus nietos, bisnietos y tataranietos.

Y es así como ha llegado a nosotros

la señal del origen y la grandeza de México.

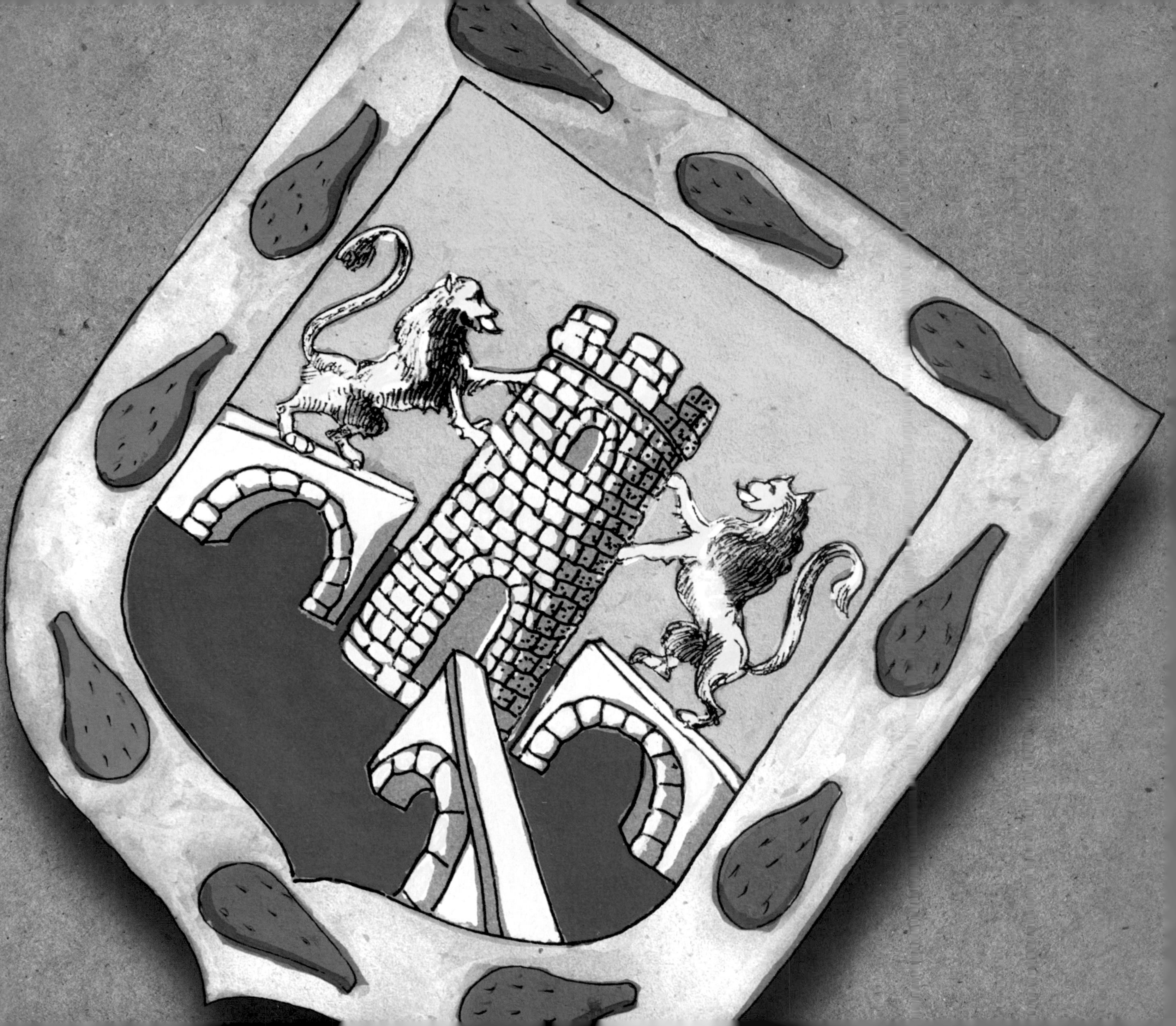

Cuando llegaron los españoles a México,
dominaron al águila mexicana
con dos leones rampantes

y la encerraron dentro de
las torres de un castillo.

12 Y por si fuera poco, el águila de la monarquía española
¡trató de expulsar al águila mexicana de su territorio!

Pero al pasar el tiempo…

las águilas se entendieron,

hicieron nido y esperaron

el nacimiento de sus aguiluchos.

Cuando la primera
aguilucha comenzaba a
ejercitar sus alas,
algunos mexicanos
creyeron ver
la estampa de la virgen
de Guadalupe,
vestida de sol,
encima de un nopal.

Esa águila quizá se ocultó
en el estandarte que tomó
el cura Hidalgo el día que inició
la lucha por la Independencia
de México.

La segunda águila salió despacito del nido
y con agudeza miró hacia su derecha.
Replegó sus fuertes y poderosas
garras y abrió las alas para
remontar el vuelo.

El cura Morelos la eligió
como símbolo y la colocó
en su bandera de lucha.

La tercera águila abandonó el nido con una coronita sobre la cabeza

y se acomodó, por primera vez, entre el verde y el rojo

de la bandera de México

Iturbide también quiso usar corona

y se proclamó emperador de México,

pero su imperio sólo duró once meses.

20   Cuando la cuarta águila dejó el nido, sintió mucha hambre.

Extendió las alas y voló, sola y en silencio,

sobre el inmenso territorio.

Al salir el sol, clavó su mirada sobre una serpiente larga

de cabeza grande. No le quitó

la vista de encima y ... ¡la atrapó!

Los mexicanos
premiaron al águila
republicana con ramitas
de encino y de laurel
y la transformaron
en el escudo
de la República Mexicana.

Pero águilas extranjeras llegaron a invadir el territorio.

Atenta, el águila mexicana las vio venir desde lejos.

Una de ellas procedía de norte

y después llegó otra en un barco francés.

Primero el águila norteamericana le quitó a la mexicana

¡la mitad de su territorio!

Años después, el águila de Maximiliano

se instaló en lo que quedaba de México

Las águilas lucharon a muerte.

El águila de Juárez salió victoriosa

y finalmente aseguró

su dominio sobre el suelo mexicano.

Una vez dueña de su territorio,

el águila hizo piruetas a altas velocidades.

Se emperifolló toda ella, pero nunca dejó

de devorar culebras y serpientes.

Al cabo de treinta años,

el águila de Porfirio Díaz se cansó de posar

de frente y mantener las alas extendidas.

La Revolución de 1910 la agarró desprevenida:

¡se cayó del nopal y se desplumó!

26   Nació después un águila nueva. Creció y se llenó de fuerza.

Agitó las alas, volteó hacia su lado derecho y concentró la atención

en su lucha contra la serpiente.

Desde la época de Carranza, el águila del escudo mexicano

aparece siempre de perfil.

1917

CONSTITUCION

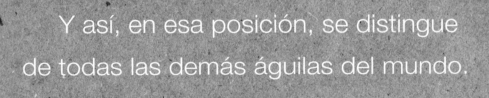

Y así, en esa posición, se distingue
de todas las demás águilas del mundo.

¡Míra! Ahora todas las águilas vuelan del pasado al presente.

Vuela el águila de
los antiguos mexicanos,
vuela el águila oculta
tras la virgen de Guadalupe,
vuela el águila de poderosas garras,
vuelan el águila y la serpiente
al ondear la bandera.

Todas vuelan. Vuelan alto y lejos.

Vuelan en el tiempo. Vuelan en el tiempo.

Más información interesante

Una definición de bandera "Tela de forma comúnmente rectangular, que se asegura por uno de sus lados a un asta o a una driza y se emplea como enseña o señal de una nación, una ciudad o una institución."

(Diccionario de la lengua española, Espasa, 22a edición, Madrid, 2001.)

Las banderas históricas de México Están reunidas en el Museo Nacional de Historia, Castillo de Chapultepec.

El origen del escudo nacional Se remonta a la fundación mítica de México-Tenochtitlan. La tribu azteca, guiada por su dios protector Huitzilopochtli, salió de Aztlán en busca de una nueva tierra donde asentarse. Después de muchos años de peregrinar, los aztecas llegaron al Valle de México y hacia el año de 1325, detuvieron su marcha en el lago de Texcoco y, ahí, fundaron la ciudad lacustre de México-Tenochtitlan. Años después, cuando los aztecas consolidaron su imperio, representaron la señal de la fundación de Tenochtitlan en códices, manuscritos, esculturas y relieves como un símbolo de su superioridad y de su carácter guerrero.

Una interpretación del escudo azteca
El águila es un símbolo del sol y representa al pueblo guerrero de los aztecas
La serpiente es el símbolo de la fertilidad y de los pueblos agricultores
El nopal es el árbol cósmico que une la tierra con el cielo
Las tunas son los corazones de los guerreros sacrificados
El copil es la piedra sobre la que brota el nopal y representa el corazón de Copil, hijo de Malinalxochitl, hermana de Huitzilopochtli.

(Enrique Florescano, La bandera mexicana: breve historia de su formación y simbolismo, F.C.E., México, 1998.)

El escudo de armas de la Ciudad de México Fue otorgado en 1523 por el rey de España, Carlos V. El escudo es azul como el agua de la gran laguna en la que la ciudad estaba edificada; en medio hay un castillo dorado y tres puentes de piedra: sobre los puentes hay dos leones levantados arañando el castillo en señal de victoria y diez pencas de nopal rodean al escudo.
La Colonia duró trescientos años desde la caída de México-Tenochtitlan, hasta la consumación de la Independencia en 1821.

El estandarte de la Virgen de Guadalupe. En septiembre de 1810, Hidalgo se dirigió al santuario de Atotonilco en Guanajuato, y ahí tomó un estandarte de la Virgen de Guadalupe. Las huestes de Hidalgo crecieron en tan sólo un mes de setecientos a ochenta mil hombres. La imagen de la Virgen se convirtió en un símbolo de independencia para muchos habitantes de la Nueva España.

La bandera de Morelos. En esta bandera de lucha aparecen las iniciales del versículo en latín *Non fecit omni nationi* que significa que la virgen *no hizo cosa igual por nación alguna.*

La primera bandera de México Independiente El 24 de febrero de 1824 Agustín de Iturbide proclamó el Plan de Iguala, un documento que recogía los anhelos de la mayoría de los mexicanos: independencia, religión e igualdad, representados por los colores verde, blanco y rojo de la bandera. En México, desde el año de 1934, se celebra el *día de la bandera* el 24 de febrero.

La bandera republicana. A partir de 1823 y a lo largo de todo el siglo XIX, el escudo se transformó en un símbolo republicano. El águila aparece de frente con las alas extendidas y despojada de su corona imperial.

Intervención norteamericana. Después de nueve meses de invasión en 1847, México perdió la guerra con Estados Unidos y tuvo que ceder los territorios de Nuevo México, la Alta California, Texas y una parte de Tamaulipas. A cambio, el entonces presidente Antonio López de Santa Anna, recibió 15 millones de pesos.

La intervención francesa y el Segundo Imperio. Las tropas francesas invadieron México en 1862 y permanecieron en el país cuatro años. Invitado por los conservadores mexicanos y apoyado por las tropas militares francesas, Maximiliano de Austria y Carlota de Bélgica fueron nombrados Emperadores de México.

La bandera del Porfiriato. Durante la dictadura de Porfirio Díaz, México vivió un largo período de desarrollo económico y progreso material. El presidente Díaz estilizó el escudo nacional imitando el águila del emperador francés Napoleón.

La bandera de Venustiano Carranza. Durante la Revolución armada de 1910 hubo muchas variantes efímeras del escudo nacional. El escudo de Venustiano Carranza es, con algunas variantes, el que se usa en la actualidad.

10/14 (9) 2|14 1|19 (14) 12|18